自死を見つめて

—死と大いなる慈悲—

鍋島直樹

[016]

本願寺出版社

はじめに

死にたいと思ったことがあるでしょうか。

私は昔、死を考えたことがあります。その時、すべてが虚しく感じました。どうすることもできない現実を受けとめきれずにいました。オホーツク海の流氷を思い浮かべる日もありました。死にたいと思った理由は話せませんが、心の支えを失って人が信じられず、自信をなくして自己を責め、心を開くことができなくなりました。人びとが幸せそうにしているのを見ると遠くに感じ、大きな声で強く元気そうに話す人からは離れていきました。食べたくなくなり体重は減っていきました。それでもある日のこと、母の作ったハンバーグをひとくち口にすると、とてもおいしく感じました。その時の味は今でも覚えています。心は「死にたい」のに、身体は「生きたい」と叫んでいました。母の料理が心に沁みました。母は私に自分を大切にするという慈しみを教えてくれました。父は元気のない私を一人本堂に呼んで、静かに話を聞いてくれました。妹は何も言わずただ事態の好転を信じてくれました。半年後、親友に誘われて九州に旅に出かけました。広い大地に緑の山々や田畑がどこまでもつづき、光を受けて輝いていました。愛と慈しみを教えてくれたのは家族とわずかな友達でした。

この書は、私にも死を求めるような悲しい体験があったことを思い起こし、つらくて死を考えている方がたに何かを届けることができたらと思い、綴ったものです。自殺の現実に目を向け、自死遺族の言うに言えない苦悩に耳を傾けて、自死をどのように受けとめたらよいのかについて見つめたいと思います。

それでも、こうして文章に書くことが、かえって自死を考えている方や自死遺族の方がたを傷つけることになってしまうのではないかという心配もあります。「こうしなければならない」という立場で書いたのではありません。一人ひとりが自死を見つめる何かの縁になればと願っています。自殺に対する答えを示すというよりも、一緒に答えを探したいと思います。

自死を見つめて　目次

Ⅲ　死と大いなる慈悲

Ⅳ　金子みすゞの悲しみと願い

＊本文中『浄土真宗聖典（註釈版）第二版』の引用部は『註釈版聖典』と略記しております。

I　自殺を理解するために

自殺に向かう心理

日本の厚生労働省は、警察庁の自殺統計をまとめて発表しています。年間自殺者数は一九九七年まで二万人台で推移し、一九九八年以降は十四年連続で三万人を超えていました。二〇〇三年には最多の三万四四二七人に達しましたが、二〇一二年以降は三万人を下回っていました。しかし、二〇二〇年の自殺者数が二万一〇八一人となり、前年と比べて九一二人も増えました。特に、女性の自殺者が増加し、十一年ぶりに増加に転じました。厚生労働省は、新型コロナウイルスの感染拡大によって経済状態が悪化し、失業、学校の休校、外出自粛など生活の変化が影響した可能性があるとしています。健康問題、勤務問題、家庭内暴力、著名人の自殺報道などが連鎖して自殺が増えているとされています。実際に警察に検視されなかった方がたを含めると、その自殺者数は数倍にのぼり、自殺未遂者の数はその十倍に達するともいわれます。「もう死ぬしかない」と思うほど、寂しくて追い詰められている人びとがこの日本にたくさんいます。

疎外感、喪失感、無力感といった絶望は、他者と共有することが困難な苦しみです。なぜなら、つらいことを誰かに打ち明けるとき、言葉にすることで自分自身が傷つきます。話をすることで、相手に過剰に心配されたり、逆に変に思われたりするかもしれない怖さもあります。自分の苦しみを相手にまで広げることになるから、家族にさえも打ち明けにくいのです。

「自殺」という言葉は、経典にも使われ、スーサイド（suicide）「自己殺人」の翻訳語として汎用されています。日本では「自死」「自害」「自尽」「自決」とも表現し、比較的寛容な価値観が示されています。特に、「自死」は、遺族の悲しみを配慮した言葉です。

自殺を考える人の苦しみは、一人ひとり異なっています。警察庁の自殺対策白書によると、自殺の原因・動機には、健康問題、経済・生活問題、家庭問題、勤務問題、男女問題、学校問題、愛する人との死別、別離、いじめ、虐待、差別、犯罪などがあるとされます。現実に立ち向かうことがとても困難なできごとが折り重なって、人は孤立します。心はつらいのに普通にふるまい、仮面を被って生きているような気持ちです。精神科医によると、自殺する人は、死にたい気持ちとともに、助けてほしい、生きていたいという気持ちの間を揺れ動いているとされます。大きな挫折感から、自分を責め、ひきこもり、食欲がなくなり、不眠のつづくようなうつ病になり、やがて希死念慮が生まれ自殺を図ります。うつ病には、効果的な治療方法がたくさんあります。できるだけ初期の段階に、医師のもとへ行くのがいいと思われます。あわせて一人ひとりが抱えている問題に応じて、弁護士や役所、警察に相談することも必要でしょう。

自殺を心に決めた人は、人間関係のつながりをゆるくして、優しくなるとされます。部屋を整理し、大切なものを人に渡したり、「あとはよろしく頼みます。お世話になりました」とお礼を述べたり、電話をかけ手紙を書いたりします。また逆に、手紙などを一切残さず、傷口に触れられると痛いように、何かに過敏に反応して周囲とぶつかり、鬱積した気持ちがはじけて、発作的に自殺を図ることもあります。文学作家の中で自殺に至る人がいる理由は、自分の身を削って作品を書くからでしょう。知人や自分の実際の経験を題材に書くため、強い罪意識も立ち現れてくるといわれます。心に秘めていることを書き起こし、書き足し、書き削るという創作は、胸の中にしまっておきたい自分や出会った人たちの気持ちをさらけだすこととなり、とてもつらいことなのでしょう。私自身もこの本を書くにあたって、自殺する気持ちや自分の過去と向き合い、自分の心のうちをさらけだす怖さを感じました。

自殺に至るのは、塞ぎこみ落ち込んでいる時よりも、悲嘆の間隙《かんげき》や、現実世界へ立ち直りかけた時に起こることが多いといわれます。しかし最後まで家族に心配をかけないようにしようとするので、そばにいても自殺の兆候は誰にもわからないものです。

以前、カナダで自殺学を樹立したヨーク大学名誉教授・布施豊正先生に、カナダのトロント仏教会でお目にかかり、自殺の心理と自殺防止について学びました。布施さんは、四十八カ国の自殺の実地調査を行い、数多くの自殺未遂者と面接して、自殺についてこう明かしています。

一〇〇人以上の自殺未遂者と面接したことがあるが、「あの時死ねなくて残念だ」と言い切れる人に会ったことはない。（中略）「自殺とは一時的な問題や悩みに対し、とり返しのつかない、永久的な解決法をとる行為である」

（布施豊正論文「自殺と文化―その関連」『死と愛』所収　七七～七八頁、法藏館）

このように自殺とは、かかえきれない問題をひとりで解決しようとしてとる最終的な行為といえるかもしれません。自殺を考える人は、虚しさから苦しみの終了を急ぎ求める気持ちがあるでしょう。しかし裏返せば、純粋に「生きたい」という気持ちをもっていると私は思うのです。

二十一世紀の日本社会の苦悩

私たちが生きている社会は、盛者必衰《じょうしゃひっすい》会者定離《えしゃじょうり》という無常の世界であり、厳しい競争社会でもあります。また世界に眼を広げると、地球規模での戦争やテロ、虐待や殺人、ハラスメントやバイオレンスが絶えません。人類が物質的な豊かさや快適さを追求しすぎたために、地球環境の破壊も進んでいます。世界中が攻撃的になっています。

競争には二面性があります。競争心は、よい目標に向かって、それを達成しようという強い決意を持つことであり、他の人の持っている優れた面を尊重し、互いにライバル心を持って自己を高めていくという良い面があります。しかし、経済的な繁栄のみをめざす世界の競争は、勝ち組と負け組を区別し、相手を言葉で中傷し、力で排除して、互いの信頼や敬意を失くすような悪い面が現れています。お金を依りどころにして人を動かし、物を手に入れようとすると、自分の思い通りにならない時、相手を攻撃します。物質的な価値やお金ばかりが重視されると、自分自身まで、巨大な社会システムの中で交換可能な部品のように使い捨てられていくという不安がよぎります。

果たして本当にお金が一番大切なのでしょうか。

ノーベル平和賞を受賞したダライ・ラマ十四世は、東京工業大学大学院准教授、文化人類学者の上田紀行先生（現・東京工業大学リベラルアーツ研究院教授）との対話の中で、私たちにとって一番大切なものは何かについて、次のように語っています。

私たち人間の人生における一番の基本となっているのはお金である、というような思い違いをしてしまうのです。さらに、そのお金を生み出す源は何か、というと、その人の持っている技術や可能性なのであり、利他心がお金をもたらしてくれるのではありません。（中略）

ある一人の人が何らかの個人的な心の問題に直面した場合には、お金ではそういった個人的な心の問題を解決することはできません。そのような場合に必要とされているのは何かといいますと、ほかの人が微笑みかけてくれ、やさしさを示してくれることであり、それによって自分の心の苦しみがいくぶんかでもやすらぎ、精神的なレベルの苦しみを乗り越えていくことができるのです。

（上田紀行著『目覚めよ仏教！　ダライ・ラマとの対話』三九～四〇頁、ＮＨＫブックス）

一番基本的な問題は、私たち人間は社会的動物だということであり、実際に社会を成り立たせ、統合している要因は、法律なのではなくて、愛と思いやりなのだということです。我々は法律やルールで強制されて一緒に暮らしているのではなくて、私たち自身から自然に発せられる思いやりによって一緒に生活を営んでいるのです。そのような愛と思いやりこそ、私たちの住む社会を一つにまとめていくための正しい道であり、最も効果的な原動力となるものなのです。

（『同』四四～四五頁）

法律や宗教によって生きている以前に、私たち人間を含めた生物は、親の庇護のなかで生まれ育ちます。あたかも乳児が何の心配もなく母親に抱かれている時、深い安堵を感じるように、人間も動物もすべてのいのちは、親の愛によって計り知れないほどの恩恵を受けています。愛と思いやり、それらは、親からの無条件の愛情を受けて生まれてきます。そしてその母なる愛情こそが、子どもに愛と思いやりを育み、生き抜く力を与えるのです。

人のいのちも愛情も、物質的な価値に交換できません。慈しみはお金によって手に入れることはできません。子ども一人ひとりは、親や先生からすれば、誰と比べる必要もない尊い宝です。一人ひとりが、私たちを照らすかけがえのない明かりです。

経済大国となった日本は、世界中から注目され、有頂天になって、物質的な価値やお金ばかりを追い求めてきました。しかし、物質的な豊かさの陰で、人間が機械の部品のようになり、ストレスや息苦しさを感じて、生きる意味を見失い、深い価値を持つ愛情を忘れてしまったのではないでしょうか。

これからの時代に求められるのは、経済的な安定のみならず、人間のより深い価値、すなわち、思いやりや慈しみを心に育み、互いに支えあい感謝しあって、一人ひとりが自信を持って生き抜いていくことでしょう。一人ひとりが力を合わせ、生きとし生けるものが幸福になる世界を構築していくことが願われます。つらく悲しい時は、家族や友達など誰かとの絆を信じ、自分自身を大事にいたわってください。自分を大切にすることができれば、きっと相手も大切に思えるようになるでしょう。逆境のなかでも、深く大切な愛情は、あなたのなかにいつも生きています。

社会の歪みから生まれる自殺

自殺は心の弱い人がとる行為であり、その個人の問題であるという声を耳にします。しかし、果たしてそうでしょうか。

人はひとりで生きてはいません。家族だけでなく、学校や職場などで出会う人びととの関わりの中で生きています。だから、その小さな世界で排除されたり、心から深く信じられる人を失ったりすると、人は生きる希望をなくしてしまいます。

人は本来、この世界にひとり生まれひとり死し、ひとり来てひとり去っていく孤独な存在です。もろくて孤独だからこそ、互いに優しく微笑んで慰め合い、エールを送って応援しあうことが生きる力となります。しかし現実世界で、真摯に努力していても、信頼している人から冷たい言葉をあび、周辺から攻撃を受けると、その努力も徒労に感じ、自己の存在意味は希薄になります。誰かとの心のつながりを感じられなくなると、限りなく透明な存在になっていきます。

注目すべきことに、龍谷大学社会学部教授の大友信勝《おおとものぶかつ》先生（現・聖隷クリストファー大学社会福祉学研究科教授）は、日本における自殺者数が一九九八年から急に三万人を超えた背景には、経済・生活レベルの変化に一つの理由があると論じられています。

「一九九八年ショック」はなぜ起きたのか。バブルの崩壊、不良債権処理の過程で担保物件の下落と銀行融資の形態が変化し、中小企業は追いつめられた。一方で人件費の効率化で労働（雇用）形態もリストラも非正規雇用へと転換した。伝統的な中小企業の経営方式や労働者の年功序列、終身雇用が構造的な転換をみせ、その直撃を受けた人びとが「一九九八年ショック」の犠牲者（社会的弱者）である。北東北は「一九九八年ショック」がもっとも鋭く影響し、それにかかわる産業構造、労働（雇用）環境が脆弱だったということになる。（中略）

「生命の重み」を考えれば、自殺問題における「経済・生活問題」要因のリスクを社会的に放置せず、一つ一つ改善していくことが課題となる。（中略）消費者金融は「生命」を担保にし、過酷な取り立てを行い、「債務者自殺」を社会的につくりだしてきた。（中略）

「生命の重み」を超える財政と効率優先の主張は、何のための、誰のためのものなのか。「生命」の重みとは民主主義のシンボルであり、安心・安全、そして平和な社会の基礎的条件である。（大友信勝著「自殺は新たな社会問題」『死んではいけない―経営者の自殺防止最前線』二三三～二三五頁、ＫＴＣ中央出版）

大友先生は、効率優先の産業構造、非正規雇用という脆弱で未来の不透明な労働環境、そして消費者金融による厳しい取り立てなどが、自殺の急増した一つの社会的要因であることを早くから解明しています。すなわち、日本の自殺者増加には、うつ病などの医療的レベルの要因にあわせて、社会経済的レベルの要因が新たなファクターとなっていることを重視しなければならないでしょう。

このように自殺は個人の問題ではなく、その人が生きている社会や経済の闇を映し出しています。

親鸞聖人は、

さるべき業縁《ごうえん》のもよほさば、いかなるふるまひもすべし
（『歎異抄』『註釈版聖典』八四四頁）

と説かれました。人は誰しもすさんだ状況によっては心の暗闇に覆われてしまい、思いもかけない行動をとってしまうものでしょう。

自死遺児たちの願い

あしなが育英会で出会った自死遺児の方がたが、その胸の内をつづった文集『自殺って言えなかった。』があります。その文集は、斉藤勇輝《さいとうゆうき》さんや小林秀行《こばやしひでゆき》さんたち自死遺児の有志が編集したものです。年間三万人以上の自殺者がいるという現実を社会の一人ひとりに理解してもらい、多くの方に自殺を思いとどまってほしいと願い、自死遺児・遺族の気持ちを伝えることによって、全国にいる同じ遺児たちを支援しようとまとめられた本です。

その文集には、親を自殺で亡くした学生たちがこう記しています。

父が死んだ前日、私が一人で風呂に入っていると、父が無言で入ってきたことがありました。ところが、私は何もできずに恥ずかしくて上がってしまいました。もしかすると、それは父からの最後のメッセージだったのかもしれません。そう考えると、「自分が父の自殺を止められたのかもしれない」という思いが込み上げてきました。

「俺が悪いのかなぁ」、受話器の向こう側の友人に尋ねると、「勇輝のせいじゃないよ」。すぐにそんな言葉が返ってきました。その一言が、とてもありがたかった。自分を責める罪の意識につぶされる寸前に、友人が私を支えてくれました。

そうやって、いろいろな人に支えられながら大学生になり、私はまた「つどい」に参加しました。たくさんの仲間と、親父代わりの先輩と、何よりも生きる勇気を手に入れたと思います。そして、この自殺という問題と向き合う力を手に入れました。

ずっと怖かった。誰かに知られるんじゃないか。知られたらどうなるのだろうか。私の人生が狂ってしまうのではないだろうか。それまでの私は、ずっとまわりの目を気にしながら生きていました。しかし、世の中には自分と同じように苦しんでいる自死遺児の後輩がいるはずです。もしかしたら彼らは奨学金を借りられず、「つどい」にも来られずに、一生を終えるかもしれない。何とか力になりたいと思いました。

何年もかかりましたが、私は実名と顔を公表する決心をしました。そして遺児たちの現状をもっと知ってもらうために、仲間と総理大臣に会いに行くことを実行しました。それをきっかけに自分自身と向き合い、家族とも話し合う時間がもてました。（中略）

社会は自殺を個人のせいにします。では、ほんとうにその人が弱かったからいけないのでしょうか。家族を捨て、自分だけが逃げたのでしょうか。ほんとうに、そうなんでしょうか？

では、私の父も弱かったのでしょうか。すべての苦しみをひとりで抱え込んでいた父は、弱い人だったのでしょうか。父は、私たち家族のことを真剣に考え、借金との狭間で苦しんでいました。その結果、自殺しか見えなくなっていたんだと思います。そんな人を責めることをできるのでしょうか。実際、私の父は立派な人でしたし、尊敬もしています。すばらしい父でした。父のことを大好きだと、胸を張って言うこともできます。

そんな私の父がたどってしまった苦しみ、そして自殺……。もうこんなことは二度と起きてほしくはありません。だからこそ思うのです。どんなに苦しくても、悩みを抱えていても、誰かに相談できたり、何らかの方法で死ななくてもすむ社会をつくってほしい。いや、つくっていきたい。だからこそ、日本のみなさんがこの問題に温かい心をもって接してくれることを私は望んでいます。（斉藤勇輝さん、自死遺児編集委員会・あしなが育英会編『自殺って言えなかった。』四三～四五頁、サンマーク出版）

「自殺は弱い人がすることだ」と言う人がいるけど、それだけで片づけてしまわないでほしい。私のお父さんは、たしかに弱いところもあったのかもしれないけれど、けっして弱いだけの人じゃなかった。お父さんはまわりの人のことを考えられる優しい人だったし、あんなに必死になって会社を守ろうとしたのは、きっと責任感が強い人だったからだと思う。

（ケイコさん、『同』六三〜六四頁）

ぼくは最近になって、やっとお父さんは自殺するときにどんな思いだったのか、と考えるようになりました。きっと悔しかったと思います。家族を、子どもを残していくのだから、とても心残りだったと思います。それでも自殺を選んでしまうほど、お父さんはつらかったんだと思います。

今のぼくの中には、お父さんの自殺に対する劣等感はほとんどありません。ぼくのお父さんは、あまりしゃべる人ではなかったけれど、家族のことをとても大切にし、愛してくれていました。ぼくはそんなお父さんが大好きです。世界でいちばん尊敬に値する人です。だから、お父さんの自殺を恥ずかしいなんて思いません。

（中略）

この経験を通して、ぼくは社会に訴えたい。自殺は、けっして個人の問題ではないということを。社会が苦しんでいる人を受け入れてくれたなら、自殺者は今より減っていくのではないでしょうか。そして、自殺で親を亡くした家族も、今ほど苦しむことはないのではないでしょうか。自殺を家族や個人の問題にしないでほしい。どうか見捨てないでほしい。自殺から目をそらさないで！（中略）

大切な人を亡くしたみんな。あなたはひとりじゃないよ。どんなに遠く離れていても、ぼくはみんなの味方だから。

（井上英喜さん、『同』七四〜七五頁）

この学生たちは、悲しみを内包しながらも、亡くなった父親を尊敬し、父親の愛情を感じ取って、今の自分の人生を生きようとしています。そして、大切な人を亡くして苦しんでいる人たちに「ひとりじゃないよ」とあたたかいエールを送っています。これらの言葉に私は勇気づけられました。

顧みると、自殺は、思いつめている人の気持ちを感じ取れない社会の歪みから生まれているのではないでしょうか。いのちはかけがえないと言いながら、現実はいのちを削るような厳しい競争の連続です。重責を担っている人びとも攻撃を受ける社会です。自死遺族にうかがうと、感受性が豊かで、まじめで、思いやりと責任感があり、几帳面で、他人のことを気遣う、自己表現がうまくできない、そのような人が自殺を選ぶことが多いとされます。人を押しのけてでも勝利をめざす社会では、相手を思いやり繊細な心で生きようとする人ほど、生きにくくなっています。

自死を思わざるをえないほど誠実に生きようとしている方がた、そして深い悲しみの中で大切な愛情を感じる自死遺族の方がたの心に耳を傾けることが私たちに求められています。

真実に生きるとは

それでは、真実に生きるとはどういうことでしょうか。

親鸞聖人は、師の法然聖人の心を受け取って、こう示されています。

愚者《ぐしゃ》になりて往生《おうじょう》す　（『親鸞聖人御消息』『註釈版聖典』七七一頁）

愚かな自己がそのままで仏に抱きとられているということです。秋になると稲穂が実って頭をたれるように、愚者にかえって謙虚に生きるところに浄土への道があります。悪人正機《あくにんしょうき》は、阿弥陀仏に照らされて自らの愚かさを慚愧《ざんぎ》し、自分の弱さに気づくものが救われることを示しています。自分の愚かさに気づいたものは、さかしらに他人の良し悪しを裁く心が消えて、誰もが心の傷を持っていることを知ります。凡夫の人間観は、みんな同じ弱さや愚かさをもった人間としていたわりあい、一人ひとり孤独さを感じている同朋として支えあえることを示しています。親鸞聖人は、漁師や猟師、商人や農民、武士たちすべての人びとに対して、仏に摂《おさ》められて罪悪深重《ざいあくじんじゅう》の凡夫《ぼんぶ》と自覚する人間が、「仏となるべき身となる」「彌勒菩薩《みろくぼさつ》におなじ」「如来とひとし」き人であるとほめたたえ、不正な弾圧や搾取に怒り、世界の安穏《あんのん》のために懸命に努力することを教えています。

また、蓮如上人は、真実の生き方について、こう説いています。

総体《そうたい》、人《ひと》にはおとるまじきと思《おも》ふ心《こころ》あり。この心《こころ》にて世間《せけん》には物《もの》をしならふなり。仏法《ぶっぽう》には無我《むが》にて候《そうろ》ふうへは、人《ひと》にまけて信《しん》をとるべきなり。

（『蓮如上人御一代記聞書』『註釈版聖典』一二八二頁）

人と競争して習い学び上達するのが世間であるが、仏法の世界では我執を離れ、他人に負けて信心をとるべきである、という内容です。仏の慈悲によって自分の弱さを自覚することが真実に生きているということなのです。

私たちは、死にたいと思うほど真摯に生きている人たちの声を聞き、自死を通して知る人間の愛情に学んでいく必要があるでしょう。

Ⅱ　願われたいのち

宮澤賢治のある物語

いじめの虚しさと人間の尊さを考えさせてくれる物語に、宮澤賢治の『虔十公園林《けんじゅうこうえんりん》』があります。

虔十《けんじゅう》はいつも縄の帯をしめて、笑って森の中や畑の間をゆっくり歩くのが好きな子どもでした。風がどうと吹いて、ブナの葉がチラチラ光るときには、虔十はうれしくて、はあはあ息をついて笑うのでした。そんな虔十を見て、村の子どもらはばかにして笑うものですから、虔十はだんだん笑わなくなります。虔十の家の後ろに大きな野原がありました。ある日、虔十が、杉苗七百本を植えたいと家族に打ち明けます。お父さんが賛成してくれ、お兄さんも杉苗を植えるのを手伝ってくれました。七、八年後の、杉を枝打ちした次の日のことでした。学校帰りの子どもたちがたくさん集まって、一列に並び、号令をかけて、喜んで笑いながら、杉の木の間を行進しているのでした。虔十も喜んで、杉のこっちに隠れながら、口を大きくあいて、はあはあ笑いました。それからもう毎日毎日子どもたちが集まりました。

ところが、ある霧の深い朝、いじめっこの平二がやってきて、「虔十、きさんどこの杉をきれ」「おらの畑の日陰にならな」とどなりました。「切れ、切れ、切らないか」という平二の脅しに対し、虔十は、「切らない」と泣きだしそうになりながらいいました。それは虔十の一生の間のたった一つの、人に対するさからいの言葉でした。ところが平二は急に怒り出して、いきなり虔十のほおをどしりどしりと殴りつけました。虔十はほおに手をあてながら、黙って殴られよろよろしました。すると平二は気味が悪くなり、急いで腕を組んで霧の中へ去っていきました。

やがて年月が経ち、虔十も平二も亡くなった後のことです。その村からでてアメリカで大学教授になった博士が、十五年ぶりに故郷に帰ってきました。村には鉄道が通り、工場や家ができてすっかり町になっていました。ただ、虔十の植えた杉林だけは、そのまま変わらずに子どもたちの遊び場となっていました。博士は、母校の小学校から頼まれて外国の話をしました。講演の後、博士は校長先生たちと一緒に運動場に出て、それから虔十の植えた林の方に行きました。博士は、小学校の頃にその林で遊んだことをなつかしく思い返し、虔十がみんなからばかにされていても、林で子どもたちの遊ぶのをほほえんで見守っていたことを話しました。

いつでも、はあはあ笑ってゐる人でした。毎日丁度この辺に立って私らの遊ぶのを見てゐたのです。この杉もみんなその人が植えたのださうです。あゝ全くたれがかしこくたれが賢くないかはわかりません。たゞどこまでも十力《じふりき》の作用は不思議です。こゝはもういつまでも子供たちの美しい公園地です。どうでせう。こゝに虔十公園林と名をつけていつまでもこの通り保存するやうにしては。

（『新校本　宮澤賢治全集』第十巻、一〇九頁、筑摩書房）

こうして、その杉林は「虔十公園林」と名づけられ、いつまでも子どもたちの美しい公園地となりました。

虔十の遺した杉林の黒く立派な緑は、さわやかな匂いがして、夏には涼しい陰を作りました。夜には月光色に芝生が染まり、林を訪れる何千人もの人たちに、本当の幸いが何であるかをそっと教えてくれました。林は、雨が降ると、すきとおる冷たい雫を短い草にポタリポタリと落とし、お日さまが輝くと、新しい空気をさわやかにはき出すのでした。

この物語のなかで、虔十が抵抗せずにいじめられ殴られる場面には、胸が痛みます。この世は、勝ち組や負け組という二つに色分けできません。長い年月で見れば、ある時代に勝ち誇っていた人が、社会ではその傲慢さのゆえに孤立したり、学生時代にいじめられていた人が、人の繊細な気持ちのわかる人になったりすることもあるでしょう。尊《そん》卑賢愚《ぴけんぐ》は誰にもわからないことです。虔十は、優しくて、大切な木々を守りつづけた聖なる人です。また虔十は、お父さんや家族の深い愛情に育てられています。虔十が病死した後も、その杉林を守ったのは、年老いたお父さんでした。

この物語は、人の尊さが周りの人びとや自然によって育まれてくることを教えてくれます。支えあって生かされているから、一つひとつのいのちが尊く輝いてきます。自分と誰かとの心の絆、自分と宇宙とのいのちのつながりが、生き抜く強さを生みだすのではないでしょうか。

いのちの尊さ

なぜいのちは尊いのでしょう。

私のいのちをどう生きていけばいいのでしょうか。

いのちの尊さは、時空を超えて、あらゆるものが相互に支えあって生かされているという縁と愛情の中で育まれます。いのちは私物ではありません。すべてのいのちは恵まれたいのちです。しかも、多くのいのちをいただいて生きています。あらゆるものとの結びつきと同時に、他の生命を糧にしてしか生きられないという悲しみとを知るときに、生きとし生けるものに対する感謝や慈愛が生まれてきます。

夜回り先生として子どもたちに寄り添う水谷《みずたに》 修《おさむ》先生は、いのちの尊さを見つめて、こう語りかけています。

私たちの命は、決して自分だけのものではありません。私たちのために命を捧《ささ》げてくれた、すべての生きとし生けるものたちから預かっている命なのです。

その生かしてもらっている尊い命を、みずからの手で絶《た》ってしまっていいのでしょうか。

私のもとに毎日届くたくさんのメール。その約九割は、生きにくさを感じ、自分で自分を傷つけ、死を語る子どもたちからのものです。

子どもたち、知っていますか。

君たちが平和に暮らすこの日本で、今から六〇年以上も前に、多くの命が失われたことを。多くのお父さんやお母さん、おじいちゃんやおばあちゃんが、自分の大切な子どもたちの命を守るために命を捨てました。それにもかかわらず、君たちと同じ世代の多くの子どもたちの命も失われました。

君たちのおじいちゃん、おばあちゃんにぜひ当時の話を聞いてください。君たちの親戚《しんせき》の人の尊い命もたくさん奪《うば》われています。死にたくて死んだ人は、死んだ子どもは、一人もいません。みんな生きたかった。でも、命を奪われたのです。多くの人たちが、誰かのために、愛する家族のために、何より愛する子どものために、死んでいきました。

子どもたち、君たちはこの日本で君たちの幸せを祈《いの》って命を捨てていった、命を奪われた、多くの人たちの尊い想いの中で、今を生きているのです。君たちの命には、今はもう君たちのように、明るい太陽の下で、友だちと楽しく遊んだり、学ぶことのできない人たちの命がこもっているのです。

君の命は、君だけのものではないのです。命を大切にしてください。

苦しい時、つらい時、ふてくされたくなった時、ぜひ君たちが踏みしめている大地をながめてみてください。君たちの今のために命を落とした人たちの、尊い血が染み込んでいます。

生きてください。そして、彼らのぶんも幸せになってください。

(水谷修著『あおぞらの星　夜回り先生と考える』五六~五九頁、日本評論社)

私のいのちは私だけのものではない。私たちの幸せを願っていのちを落としていった人たちの尊い想いに生かされている……。心に染みとおる言葉です。以前、水谷修先生にお目にかかった時、「いっぱいいっぱいになったらだめだよ。いいんだよ」と私に声をかけてくださいました。私自身が何かに張りつめて無理していることを水谷先生は察知して、微笑んで話しかけてくれました。先生の言葉を胸に、張りつめすぎず、また緩めすぎずに、恵まれたいのちに感謝して生きていきたいと感じました。

自殺を考えている方がたへ

死にたい気持ち、いじめられている気持ち、そして深い罪を人に打ち明けるのは難しいことなのかもしれません。なぜなら、それを打ち明けたことで、周りに特別な見方をされたり、あるいは、まったく無視されてしまったりするかもしれないからです。普通の一人でなくなって、ますますその世界で生きていきにくくなってしまうからでしょう。

自殺は、現実世界で抱えきれない問題を解決するためにとる最後の決断です。自分のなかだけで問題を終わらせようとした純粋な選択でもあるといえるかもしれません。自殺によってしか、自分の本当の気持ちを強く伝えることができないのは悲しいことです。

どうすれば自殺にいたらずに、踏みとどまれるのでしょうか。私のささやかな経験からすると、自殺には終わりのない苦しみから解放されることを急ぎ求める気持ちがあるのではないでしょうか。しかし、人は一人で生きているのではありません。他の誰かに生かされています。いのちは、自分だけのいのちではなく、愛する人びとにとっても尊いいのちです。心が塞がれても、身体は生きようとしています。悩んでいても、お腹がすき、トイレにも行きたくなります。どんなに悩んでいても、身体のなかから、「生きろ。生きろ」と叫んでいるのではないでしょうか。

たとえその時は、自殺しか解決の方法がないように見えても、身体の声を聞き、太陽の光を受けて、あなたが生きることそのものが、本当の解決になることを信じてほしいと思います。その時どれだけ未来が閉塞しているように思えても、誰かに相談すれば、解決の糸口が見つかるかもしれません。縁によって、新しい人生が開かれてくるかもしれません。

秋田県で、二〇〇二年にNPO法人「蜘蛛《くも》の糸《いと》」を立ち上げ、経営者とその家族の自殺を防止している佐藤久男《さとうひさお》さんは、倒産の土壇場で悩む方がたの相談に応じていらっしゃいます。佐藤さんご自身が、㈱秋田不動産情報センター（年商十一・五億円、社員十九名）が二〇〇〇年に倒産した時の代表取締役社長であり、一年半にわたるご自身のうつ病や自殺の衝動を乗り切って、経営者と家族の自殺を防止する実践に取り組まれています。

佐藤さんは、会社が倒産して自宅を失い喪失感でいっぱいでした。ある日、早朝の散歩に出かけ、山に足を踏み入れた時のことでした。佐藤さんは、大切なことに気づきます。

自分にとって、会社の存在はどんな意味を持つのか。
倒産ごときで、なぜこんなに、悲しまなければならないのか。
なぜ、こんなにも長い期間、苦しみから抜け出せないのか。
ブナの葉がサワサワ、サワサワサワと音を立てていた。
ハッとこころに稲妻が走った。自問自答に回答が出た。会社は人生のすべてではない。会社は生きるための道具にすぎないのだ。会社と自分の人生は一体ではない。会社を壊したことは、農家が農機具を壊したようなものだ。道具をなくして、人生を失うほど悩むことがあろうか。その証拠に、会社が倒産しても俺はこうして、生きて山を歩いている。

会社と人生が不即不離で重なっている、と思い違いをしていた。

会社が死んでも、佐藤久男は生きている。

地位、会社、名誉、プライドを棄て、ひとりの個人に戻ってゆこう。

捨てて、捨てて、捨て切る。こころの内面の苦しみを切って、切って、行く先に、生きるための新しい道具が見つかるかもしれない。こころがグーンと軽くなった。

悲しみの過去が、またひとつ、遠ざかって行った。

（佐藤久男著『死んではいけない—経営者の自殺防止最前線』一六六〜一六七頁、ＫＴＣ中央出版）

会社は生きるための道具にすぎない。捨てて、捨てて、また一人の個人に戻っていこう。こうした佐藤さんの心境は、読み手の私にまで深く呼びかけられている気がします。一人の個人として生きればいいという気づきは、現実世界を脱ぎ捨てて、大いなる自然のなかで感じ取られたものかもしれません。

佐藤さんは、自殺を考えている経営者にこう語りかけています。

私が、倒産の責任を取って人生を終えたい、と涙を流す経営者に語りかける言葉がある。

「あなたは今まで何をやってきたのですか？　人を殺したわけではないでしょう。泥棒をしたわけでもないでしょう。会社を経営してきたのでしょう。会社の倒産とは、経済行為に失敗したのです。経済行為の破綻の結末は『財産の清算』でおしまいです。『いのちの清算』ではありません。……それにもうひとつ、言いたいことがあります。あなたは、自分の失敗の後始末を、自分でしないのですか。会社の残務整理は大変なことですよ。あなたが自殺したら、倒産の後始末は妻や子どもたちがするでしょう。自分の失敗の残務整理を家族に押し付け、それに、あなたが自殺していたら、家族は倒産の悲しみと自殺の悲しみを同時に背負うことになります。父親を失った子どもたちの深い悲しみは一生消えませんよ」（『同』二一〇頁）

深く心に届く言葉です。また、佐藤さんは、自殺念慮の気持ちを和らげ、健康づくりをするために、気の向くまま散歩をするようになりました。

悲しいときは悲しいまま、苦しいときは苦しいまま、自分の過去を引きずり、下を向いて歩けばいい。木々の芽吹き、野の花の可憐さ、小鳥のさえずり、風の音は、傷んだこころを修復してくれる。散歩で出会った感動を、こころの通帳に貯めていこう。こころの通帳を小さな感動で満杯にしてしまおう。ふさぎ込んで、部屋の一室で頭を抱えているよりは、ずっといい。体が健康になると、こころの健康も自然とついてくる。悩む暇があったら、体だけでも鍛えたらどうであろうか。

（『同』二一四頁）

このように散歩をすると、早春の蕗《ふき》の薹《とう》、春の桜や新緑、夏の木陰、小川の鯉、秋の紅葉、冬の雪、樹木の雪が朝日を受けてきらきら輝く景色、白鷺《しらさぎ》が飛び立つ姿など、その季節にしかない美しい光景にめぐりあい、知らぬ間に幸せな気分に満たされると佐藤さんはおっしゃっています。大地を踏みしめ、大地に支えられている自分のいのちを、自然の中で感じることが何かしら今日を生きる気持ちになってくるのでしょう。

自殺を考えている方がたへ

いのちの尊さを知ってはいても、きっと死しか見えなくなるほど真剣に悩んでいらっしゃることでしょう。あなたが直面している現実は、個人の力ではどうすることもできないことなのかもしれません。それでも人のいのちは、つらい現実によって押しつぶされてしまうようなものではありません。誰にも冒すことのできないあなた自身のいのちです。あなたが自殺すれば、あなたに優しくしてあげればよかったと、遺された家族や友達は嘆き悲しむことでしょう。あなたがそこにただ生きているだけで十分です。どうかあなた自身を明かりとして大切にいたわってください。どうすることもできない問題を、誰かに聞いてもらえれば、生かされていく道が開かれるかもしれません。

愛する人を自死で亡くされ、悲しみの中におられる方がたへ

「どうして」「なぜ」という気持ちで、胸がいっぱいになっておられることでしょう。

悲しみだけでなく、あの時こうしてあげればよかったと、自分を責め、言い尽くせない後悔や怒り、無力感などの感情に覆われていらっしゃることと思われます。自死で亡くされたことを誰にも言えずに、悲しみをこらえて毎日の生活を送っておられる方もあることでしょう。大勢の人びとと会うことがつらくなり、家にひきこもりたい気持ちも当然の感情です。生活の大きな変化の中で、子育てや家計について不安や心配が生じているかもしれません。からだにもさまざまな変調が起こってくるとされます。そのような苦しみや悲しみは、愛する人を自死で亡くされた方がたに、自然にわき起こる感情です。

あなた一人だけではありません。

大切な人を自死で亡くされた多くの方がたが、自殺の原因を探し求めるとされます。しかし、医師などの専門家の間でも、「なぜ」自死したのかという原因を特定することはむずかしく、さまざまなことが複雑に絡み合って起こったことであるといわれています。自死の理由は誰にもわかることではないのでしょう。大切な人を自殺で亡くされた遺族が、自分を責めつづけるのも自然なことです。

自死は決してあなたや家族を拒絶したことではありません。自死を選ばれた方は、大きな問題の前で、死ぬことしか見えない、他には何も考えられない心境だったと思われます。大切なことは、自死をされた方が、あなたや家族の幸せを一番深く願っておられることです。あなたが亡き人に捧げた愛情と、亡き人からあなたが受けた愛情、さらには感謝の気持ちも、あなたの心の中にきっと生きつづけているはずです。それを忘れないでいることが、大切な人を思い、愛する人と共に生きていくことになると思われます。

日本全国には、自殺を考えている人や自死遺族を支援するセンターや医師会やお寺があります。その一つである「NPO法人自殺対策支援センター　ライフリンク」では、こう私たちに呼びかけています。

『いのちを守るために、みんなで　つながりあっていこう』

『自殺に追い込まれていくいのちを、みんなでつながりながら守っていこう』

私たちは「ライフリンク」に、そうした決意を込めています。

めざしているのは「生き心地の良い社会」を築き上げること。

誰しもが自殺の脅威にさらされることなく、

自分自身であることに満足しながら生きることのできる社会の実現です。

◆

いま日本で自殺する人の数は年間二万人以上。未遂者も含めれば一日千人。

この時代に、この社会で、私たちと同じ空気を吸っているそれだけの数の人たちが、

自ら「いのち」を絶っています。

特別な人たちが、特別な理由で、自殺しているのではありません。

私たちと同じ日常を生きている人たちが、

過労や多重債務、いじめや介護疲れ、差別や社会に対する不信感など

様々な社会問題に追い詰められた末に、
生きる道を閉ざされて、「自殺」で亡くなっているのです。

◆

現代日本社会の自殺の多くは、
社会的な対策があれば「避けることのできる死」です。
その意味で、
自殺対策とは「生きる支援」「いのちへの支援」でもあると言えます。
誰も自殺に追い詰められることのない社会。
自殺で大切な人を亡くした人が安心して悲しむことのできる社会。
それはきっと、自殺とは無関係と思っているひとりひとりにとっても
生きていて心地の良い社会であるはずです。

◆

「生き心地の良い社会」の実現をめざして。

ライフリンクは「つながり」をキーワードにした自殺対策、「いのちへの支援」に取り組んでいます。

（自殺対策支援センター　ライフリンクのホームページ　http://www.lifelink.or.jp/）


ライフリンクの代表、清水康之さんは、人はトータルな存在であり、自殺予防のために、精神科医による診療、弁護士による多重債務の相談、教育者によるいじめ対策などの取り組みをただ寄せ集めるだけでなく、総合的な対策を立案しています。「生きる支援の総合検索サイト　いのちと暮らしの相談ナビ」（http://lifelink-db.org/）のサイトには、十個の悩みのグループ、すなわち、「生きるのがつらい」「家族・友人が自殺しそう」「犯罪被害・事故」「学校・子ども・若者」「健康・こころの悩み」「生活・お金の悩み」「家族を亡くした」「仕事・事業の悩み」「家庭・育児・介護」「男女・性・人間関係の悩み」が示され、利用者の希望に応じて、それぞれの相談窓口を知ることができるようになっています。自分の悩みを解決する手がかりとなるデータベース（DB）です。また、ライフリンクでは、「声なき声に耳を傾ける、自殺実態調査」に着手し、遺族への聞き取りを進めています。その調査統計『自殺実態白書二〇一三』第一版によると、一人の自殺の背景には、複数の要因が重なっていることがわかってきたとされています。

自殺の危機経路（↓は連鎖を、＋は問題が新たに加わってきたことを示す）

【被雇用者（労働者）】

①配置転換↓過労＋職場の人間関係↓うつ病↓自殺

②職場のいじめ↓うつ病↓自殺

【自営者】

③事業不振↓生活苦↓多重債務↓うつ病↓自殺

④介護疲れ→事業不振→過労→身体疾患＋うつ病→自殺

【失業者、等】

⑤身体疾患→休職→失業→生活苦→多重債務→うつ病→自殺

⑥犯罪被害（性的暴行）→精神疾患→失業＋失恋→自殺

【無職者（就業経験なし）】

⑦子育ての悩み→夫婦間の不和→うつ病→自殺

⑧DV被害→うつ病＋離婚の悩み→生活苦→多重債務→自殺

【学生】

⑨いじめ→学業不振＋学内の人間関係（教師と）→自殺

⑩家族との死別→ひきこもり→うつ病→将来生活への不安→自殺

（清水康之発行責任、自殺実態解析プロジェクトチーム編『自殺実態白書二〇一三』十八頁、ライフリンク）

　このように複数の要因が連鎖して自殺が起きているのではないかというのです。ライフリンクは、実態解明を起点にして、現場本意の自殺対策を立案していくことをめざしています（『ビッグイシュー日本版』一一五号・一一六号〈対談　上田紀行さん×清水康之さん〉、二〇〇九年三月・四月）。生活苦、多重債務、うつ病、家族などへの支援策を連動させて、官民共同でセーフティネットを作り、自殺の苦しみを断ち切っていこうとするのが、ライフリンクの自殺総合対策です。そのライフリンクの姿勢には、人がトータルな存在であり、つながりのなかに生きているからこそ、生き心地の良い社会を作っていきたいという志願がこもっています。

　誰にもわかってもらえないつらさを話してみたら、必ず受けとめてくれる人がいるはずです。しかし、誰にも言えない時は無理して言う必要はありません。自然の中や思い出の場所に行って、静かに身をおいてみることもできるでしょう。お仏壇の仏さまと対話することもできると思います。周りの人びとも、大切な人を自死で亡くされた方がたをそっと見守り、ただ寄り添うことが求められます。

兵庫県神戸市の群萌会《ぐんもうかい》で開かれた自死に関する研修で、浄光寺住職の谷本英威《たにもとえいい》さんら若い僧侶たちにうかがうと、自死で亡くなった方のお通夜やお葬式では、何も言えず、愛する人を亡くしたご家族の悲しみや苦悩をただ黙って聞くだけしかできないけれども、月参りやご法事を通じて、長い年月をかけ、その悲しみや寂しさを聞かせていただき、お念仏を申す中で共に受けとめていきたいと話してくれました。また、ご家族一人ひとりの悲しみに微妙な違いもあることを配慮して、お一人ずつお話しすることができたらよいのではないかと思うともうかがいました。自死の現実を前にする時、そのご家族に対して、僧侶がことさらに何かを話すことよりも、ただご家族の悲しみに寄り添い、折に触れて静かに聞かせていただくことが大切なことなのでしょう。

逆縁の花

この世界には、順縁《じゅんえん》とともに逆縁《ぎゃくえん》があります。順縁とは、誕生、入学、卒業、就職、結婚などのように、自分にとっても相手にとっても喜びとなる縁です。逆縁とは、別離、失業、病気、死別などのように、自分にとっても相手にとっても悲しみとなる縁です。

私の親友に医師の澤倫太郎《さわりんたろう》さんがいます。澤医師は、ご自身の妻を若くしてご病気で亡くされました。お葬式が終わってから、彼が妻と過ごした最後の日々や亡くなった後に医師として妻にしたことをうかがいました。それは澤医師が、妻の遺体を解剖して、身体の中のがん細胞をすべて取り除いたことでした。すると、妻の表情は穏やかで優しい表情に変わりました。澤医師は妻の唇《くちびる》に、彼女の好きだった薔薇《ばら》色のルージュを塗ってあげました。子どもにはタオルを渡していっぱい泣いたらいいよと声をかけました。人前では平静を保っていた澤医師も、お風呂で一人になると涙があふれました。それ以降、澤医師は若い医師たちに、

「医師たるものは、患者さんが亡くなった後もそばにいて、ご遺体を丁重にもてなさなくてはならない」

「誠実さとは最後まで見捨てない勇気である」

と教えておられます。ちょうどその時、人生には順縁と逆縁という出来事があり、慶びや悲しみの体験を通して、人は深い愛情に気づいていくのかもしれないと澤医師と二人で語り合っていました。しかしやがて澤さんは、

「順縁ではなく、逆縁からしか、人は本当の優しさを学ぶことができないのじゃないかなあ」

と話してくれました。

悲しい別れからこそ、人は大切なものを知るということでしょう。

それからまた時を経て、彼から連絡がありました。難病患者の方がたに向けた講演の

準備をなさっていた時のことです。澤医師より、「逆縁から人は学ぶ」というメッセージを参加者に伝えたいから、逆縁の中から生まれる優しさをイメージできるような何かいい比喩《ひゆ》はないだろうかと相談を受けました。その時ふと、私は水仙の花を思い出しました。

あれは雪の降りしきる日でした。福井市の円照寺《えんしょうじ》のご案内で、水仙の里公園を訪ねたことがあります。水仙は、真冬に咲き、芳しい香りを放つ花です。その越前海岸の水仙は、厚い雪雲の下で、凍るような北風の吹きつける岸壁に、小さく震えながら咲いていました。その時、冷たい風の中で揺れる水仙を見ていると、いつの間にか気持ちが透きとおり、逆境の中で咲く花の清らかさを感じました。

澤医師はこの水仙の思い出を受けとめてくださいました。そして講演のために作成した二枚のスライドを私に見せてくれました。一枚のスライドには、水仙の花の写真が中

央に飾られ、

「逆縁から人は学ぶ」

という言葉が書いてありました。もう一枚のスライドには、やはり水仙の写真とともに、

「花はそれぞれ願いがあって咲く」

と書かれていました。可憐で美しい花の写真と言葉で勇気づけられる感じがしました。

講演当日、澤医師は、それら二枚のスライドを含めて多くのスライドを会場で投影して難病の原因や治療法について話しました。しかし、講演会場には視力の弱い患者さんもお越しになっているのがわかり、その方がたはスライドの花の写真や言葉を見ることができませんでした。澤医師は、目の不自由な方がたにスライドを見せて申し訳ない気持ちになりました。講演終了後、澤医師のもとにその方がたが訪ねて来られました。澤医師はどきっとしました。すると、その患者さんたちが、

「澤先生、水仙の花が見えましたよ。逆縁の花ですね。心に残るお話をいただき本

当にどうもありがとうございました」

とお礼を述べられたそうです。澤医師はそれがとてもうれしかったとおっしゃっていました。

すなわち、澤医師の話を聞いて、患者さんの心に水仙の花が咲いたのです。あたかも寒ければ寒いほど、芳しく咲く水仙のように、深い優しさと想像力をもっておられたのです。このように水仙の花が私に教えてくれているように思われます。

Ⅲ　死と大いなる慈悲

いのちのつながり —生きる意味を求めて

いのちのつながりを表すものに、縁起《えんぎ》ということばがあります。縁起とは、「因縁生《いんねんしょう》起《き》」「他との関係が縁となって生起すること」を原意とします。縁起の原語であるpratītya-samutpādaとは、プラティーティヤが「〜に依存する」ことを、サムウトゥパーダが「共に生じる。繋がりの中で生起する」ことを意味しています。縁起の真理とは、あらゆるものは相互に依存し関係しあいながら存在し、つながりの中で共に生かされているということです。しかも縁起は、単なる自然の道理ではなくて、「思いやり合うつながり」です。苦しみにあえいでいる現実を、縁起の知見を通して受けとめるときに、慈悲の心が生まれてきます。この縁起の思想は、

（1）あらゆるものの無常を自覚し、自己中心的な無明・愛執を省みる
（2）あらゆるいのちの共生を願い、あらゆるものとのつながりや一体感を養う
（3）かけがえのないいのちを護り育む

（4）あらゆるいのちへの非暴力と慈悲と感謝の心を育てる

という四つの生き方を示していると私は受けとめています。

このように仏教の縁起の生命観は、時間と空間を超えて、あらゆるものが相互につながり支えあっていることに気づき、互いに慈しみと思いやりをもって感謝して生きることを教えています。しかし、そのとき、生命が他の生命を奪い、傷つけあっている苦しみの現実をも知ることになります。人間は、それらありのままを自覚することによって、自己中心的な傲慢さを反省し、他の存在に支えられていることに深く感謝し、自他の幸福を求め、あらゆるものへのわけへだてない慈愛を育んでいくように願われています。

それでは、支えあう世界の中で、この私はどのように生きていけばいいのでしょうか。ここで、人生の羅針盤となるような一つの詩をあなたに贈りたいと思います。それは「Golden Chain 黄金の鎖」という詩です。この詩は、一九〇〇年代初頭にハワイで作成された暗唱文で、アメリカやカナダやブラジルなど英語を話す仏教徒に宗派を問わず重用されています。特に若い人の多くお参りする日曜日のお勤めの場で、いつも一緒に唱和されています。

Golden Chain

I am a link in the Buddha's golden chain of love that stretches around the world. I must keep my link bright and strong.

I will try to be kind and gentle to every living thing and protect all who are weaker than myself.

I will try to think pure and beautiful thoughts, to say pure and beautiful words, and to do pure and beautiful deeds, knowing that on what I do now depends not only my happiness or

unhappiness, but also that of others.
May every link in the Buddha's golden chain of love become bright and strong, and may we all attain perfect peace.

(*Shin Service Book*, p.15, Buddhist Church of America, Jodo Shinshu Hongwanji-ha)

《日本語訳》

黄金の鎖

世界に広がる仏の愛でできた金の鎖、私はその一つの環である。私はこの一つの環を明るく強く保たなくてはならない。

私は生きとし生けるものに優しく寛容でありたい。そして私よりも弱いすべての人びとを守りたい。

私は今、自分の幸せや不幸せばかりでなく他者の幸せや不幸せのためにできることは何かを知り、清らかで美しい思いをなすように、清らかで美しい言葉を話すように、清らかで美しい行いをするように努力したい。

どうか仏の愛に包まれた金の鎖の環すべてが強く輝き、私たちすべてがともに満たされた安らぎに到達しますように。

（筆者訳）

この「Golden Chain 黄金の鎖」は、あらゆるものが相互に支えあって生かされていくという理想の世界をよく示しています。しかも、すべてが支えあってつながっているからこそ、世界とつながる私自身が、一つの環を強く明るいものにしていく責任があるというのです。世界の中心は一人ひとりであり、その一人ひとりが自分の生きる世界を清らかで美しいものにできれば、その小さな世界の片隅から明かりが灯り、ついにはすべてのいのちがともに輝きあう社会を築いていくことができます。私自身は小さな存在でも、決して無力ではなく、微力があります。一人ひとりの小さな力を合わせ、相互に響きあって、あらゆるものとともに世界の安穏をめざしていこう、そういう志願を、この「黄金の鎖」の詩は私たちに与えてくれるのではないでしょうか。

親鸞聖人における死と大悲

それでは、親鸞聖人が死の現実をどのように受けとめられていたかについて、その教えに聞いてみましょう。

(一) 臨終の善し悪しを問題にしない

中世当時、飢饉《ききん》や疫病《えきびょう》で苦しみながら亡くなった同朋を哀れに思いつつ、親鸞聖人は手紙にこう記されました。

まず善信《ぜんしん》(親鸞《しんらん》)が身《み》には、臨終《りんじゅう》の善悪《ぜんあく》をば申《もう》さず、信心決定《しんじんけつじょう》のひとは、疑《うたがい》なければ正定聚《しょうじょうじゅ》に住《じゅう》することにて候《そうろ》ふなり。さればこそ愚痴無智《ぐちむち》の人《ひと》も、をはりもめでたく候《そうら》へ。如来《にょらい》の御《おん》はからひにて往生《おうじょう》するよし、ひとびとに申《もう》され候《そうら》ひける、すこしもたがはず候《そうろ》ふなり。

（『親鸞聖人御消息』『註釈版聖典』七七一頁）

親鸞聖人は、死の善し悪しを問題にしませんでした。悲哀に満ちた死を、めでたき往生として受けとめたのです。阿弥陀仏の本願を疑いなく信じてただ念仏申すところに浄土に往生すべき身と定まります。だから罪深く愚かな人も、その死は尊いとされました。死の間際における心の状態によって往生が決まるのではありません。わがはからいにあらず、如来のはからいによって往生するのです。

また、親鸞聖人は晩年に、法然聖人の法語・行状を集録した『西方指南抄《さいほうしなんしょう》』を編纂しました。その終わりに「つのとの三郎殿御返事」という法然聖人のお手紙を掲載し、あわせて親鸞聖人自身が津戸三郎《つのとのさぶろう》が自殺して亡くなったことについて触れた一文があります。

つのとの三郎といふは、武藏國《むさしのくに》の住人也。おほご・しのや・つのと、この三人は、聖人根本《しょうにんこんぽん》の弟子《でし》なり。つのとは生年八十一《せいねんはちじゅういち》にて自害《じがい》して、めでたく往生《おうじょう》をとげたりけり。故聖人往生《こしょうにんおうじょう》のとしとてしたりける。もし正月廿五日などにてやありけむ。こまかにたづね記《き》すべし。

(『浄土真宗聖典全書 第三巻 宗祖篇・下』一〇七〇頁)

津戸三郎は、東京都国立市あたりに住んでいた関東武士で、「聖人根本の弟子」と記されているように、法然聖人に帰依していました。津戸三郎は、亡き法然聖人を慕うあまり、法然聖人の往生した年齢と同じ年齢で自害を遂げました。一月二十五日は法然聖人の往生された命日です。津戸三郎も恩師の法然聖人と同じ日に往生したと伝えられています。その津戸三郎の死について、親鸞聖人は、「自害してめでたく往生をとげたりけり」と記されています。ここに親鸞聖人が、津戸三郎の自害を責めずに、立派な浄土往生であると受けとめていることがうかがわれます。親鸞聖人は法然聖人を心から尊敬していました。「よきひと（法然）の仰《おお》せをかぶりて、信《しん》ずるほかに別《べつ》の子細《しさい》なきなり」（『歎異抄』『註釈版聖典』八三二頁）と記されているほどです。法然聖人を心から信じていた親鸞聖人にとって、師の法然聖人を慕って自害を選んだ津戸三郎の心情はよくわかるものだったのではないでしょうか。

平安時代末期から鎌倉時代にかけて、厭世感が人びとに浸透し、入水往生、焼身往生などがつづきました。その極楽を願生する心情には純粋なものがあるとしても、法然聖人も親鸞聖人も死に急ぐことを決して勧めていません。死の縁は無量であって、死ぬほどつらい苦しみの中にあっても、仏さまがその私を摂取して捨てないからです。本願に摂取されているという信心の底力が、風を受けて揺れる樹のようにしなやかにたわみながら生きる道を開きます。

しかしそれでも、現実にあった自死に対して、善悪をつけないで、一つの尊い死として受けとめる眼もここにうかがうことができるでしょう。

(二) 罪業深重の苦しみをかかえたままで願われている

思いがけず窮極的《きゅうきょくてき》な状況に追い詰められると、「なぜ私はこんな目に遭《あ》わなければならないのか」という苦しみに襲われます。誰にも代わってもらえない苦しみの渦中で、人はどう生きていったらいいのでしょう。阿弥陀仏はこの苦しみをどう受けとめてくれるのでしょうか。それについて、親鸞聖人の言葉が遺されています。

それほどの業《ごう》をもちける身《み》にてありけるを、たすけんとおぼしめしたちける本願《ほんがん》のかたじけなさよ
（『歎異抄』『註釈版聖典』八五三頁）

現にこの通りの私、どうしようもない苦しみを背負った私を、仏さまは抱きかかえます。たとえすべての人に見捨てられたとしても、阿弥陀仏はこの私を摂取して捨てない

のです。このままで自分が願われた存在であると感じられること、そこに深き救いがあります。

(三) 浄土―死を超えた真実の絆

親鸞聖人は大切な門弟に、このような手紙を送っています。

この身《み》は、いまは、としきはまりて候《そうら》へば、さだめてさきだちて往生《おうじょう》し候《そうら》はんずれば、浄土《じょうど》にてかならずかならずまちまゐらせ候《そうろ》ふべし。

(『親鸞聖人御消息』『註釈版聖典』七八五頁)

「私はもうすっかり歳をとってしまいました。定めしあなたに先だって浄土に往生するでしょうから、あなたを浄土で必ずお待ちいたしましょう」という意です。ここより親鸞聖人は、死が終わりでなく、浄土に誕生することであり、死別してもまた会える世界がある「倶会一処《くえいっしょ》」（『阿弥陀経』）と明かされました。親鸞聖人が「無量光明土《むりょうこうみょうど》」と示されたように、浄土は光に満ちた仏さまの世界であり、そこではあらゆる罪も清らかなさとりに転じられます。浄土とは、亡き人と愛する人びととの心をつなぐ、真実のいのちの絆であるといってもいいでしょう。

（四）死を超えた慈愛—還相回向

還相廻向とは、死を超えた大いなる慈悲です。

『浄土論《じょうどろん》』（四二）にいはく、「出第五門《しゅつだいごもん》とは、大慈悲《だいじひ》をもつて一切苦悩《いっさいくのう》の衆生《しゅじょう》を観察《かんざつ》して、応化《おうげ》の身《しん》を示《しめ》す。生死《しょうじ》の園《その》、煩悩《ぼんのう》の林《はやし》のなかに回入《えにゅう》して、神通《じんずう》に遊戯《ゆげ》して教《きょう》化地《けじ》に至《いた》る。本願力《ほんがんりき》の回向《えこう》をもつてのゆゑに。これを出第五門《しゅつだいごもん》と名《な》づく」と。以上

『論註《ろんちゅう》』（下 一〇七）にいはく、「還相《げんそう》とは、かの土《ど》に生《しょう》じをはりて、奢摩他《しゃまた》・毘婆舎那《びばしゃな》・方便力成就《ほうべんりきじょうじゅ》することを得《え》て、生死《しょうじ》の稠林《ちゅうりん》に回入《えにゅう》して、一切衆生《いっさいしゅじょう》を教化《きょうけ》して、ともに仏道《ぶつどう》に向《む》かへしむるなり。もしは往《おう》、もしは還《げん》、みな衆生《しゅじょう》を抜《ぬ》いて生死海《しょうじかい》を渡《ど》せんがためなり。このゆゑに、〈回向《えこう》を首《しゅ》として大悲心《だいひしん》を成就《じょうじゅ》することを得《え》たまへるがゆゑに〉（浄土論）とのたまへり」と。

（『顕浄土真実教行証文類』『註釈版聖典』三一三頁）

親鸞聖人は、天親菩薩《てんじんぼさつ》（世親菩薩《せしんぼさつ》）や曇鸞大師《どんらんだいし》らの教理によりながら、浄土に往生して大涅槃を開いた後、穢土に還って、衆生を迷いからさとりに導くことが還相廻向であると明かしています。往相も還相も、ひとえに生きとし生けるものの生死の苦しみを抜

いて、さとりの彼岸に渡すためであり、大いなる慈悲から生まれています。正信念仏偈に「往還《おうげん》の回向《えこう》は他力《たりき》による」（『註釈版聖典』二〇六頁）と記されているように、衆生が浄土に生まれる往相も、浄土に生まれてからこの世界の人びとを救うために還ってくる還相も、すべてみな阿弥陀仏の本願のはたらき、他力であると明かしています。

さらに親鸞聖人は、門弟《もんてい》の覚信坊《かくしんぼう》の亡《な》き後《あと》に、死別の受けとめ方について、覚信坊の息子、慶信《きょうしん》に手紙を書いて、こう説いています。

おくれさきだつためしは、あはれになげかしくおぼしめされ候《そうろ》ふとも、さきだちて滅度《めつど》にいたり候《そうら》ひぬれば、かならず最初引接《さいしょいんじょう》のちかひをおこして、結縁《けちえん》・眷属《けんぞく》・朋友《ぼうう》をみちびくことにて候《そうろ》ふ

（『親鸞聖人御消息』『註釈版聖典』七六七頁）

「おくれさきだつ」という死別は、悲しいけれども、先立って浄土に往生したものは

仏さまになり、必ずあなたやご家族、友達を最初に浄土へ導いてくれると、親鸞聖人は説かれています。すなわち、死別がどれほど悲哀に満ちたものでも、残された人びとにとって、亡き人は人生の確かな道しるべ、浄土への導き手となってくれるということです。このように亡き人は浄土に生まれて仏さまとなり、再び娑婆世界に還って、人びとの心の道標になっています。

浄土真宗本願寺派第二十四代大谷光真《おおたにこうしん》ご門主（現・前門様）は、死の受けとめ方について、次のように示されています。

亡くなった方と私《わたし》たちとをつなぐものは、もう思い出しかないのでしょうか。

いいえ、私たちは、亡くなった方とともに生きていくことができます。

人は亡くなって、仏《ほとけ》さまになります。浄土真宗《じょうどしんしゅう》の考え方では、生きているときに阿弥陀《あみだ》さまの願いを聞き、お念仏を申す人は、この世のいのちが終わると阿弥陀さまの国に生まれて、仏さまになります。

この仏さまとは、「力」や「はたらき」をいうのです。ちょうど季節の訪《おとず》れのようなものだといえばおわかりいただけるかもしれません。……

仏さまも同じです。仏さまもまた、姿《すがた》かたちでその存在がわかるものではありません。私たちが、仏教の勉強をしたり、お寺へお参りをしたり、おつとめをしたりする、そうした仏縁《ぶつえん》が重なるなかで、感じられるようになってくるものなのです。

亡くなった方のお骨や思い出は過去《かこ》のものでしかありませんが、仏さまとなった方とこころを通わせることは、現在《げんざい》も未来も、永遠《えいえん》に可能《かのう》です。仏さまと私たちとは、常《つね》に一緒《いっしょ》にいられるのです。

（大谷光真著『朝《あした》には紅顔《こうがん》ありて』一五〇～一五二頁、角川書店）

また、金子大榮《かねこだいえい》先生は、死を超えた永遠について、次のように表現しています。

花びらは散っても花は散らない。形は滅びても人は死なぬ。永遠は現在の深みにありて未来に輝き、常住は生死の彼岸にありて生死を照らす光となる。その永遠の光を感ずるものはただ念仏である。

（金子大榮著「歎異抄領解」『金子大榮選集 第十五巻』三四頁、在家仏教協会）

亡き人は過去の思い出の中だけに生きているのではありません。現在と未来にも仏さまとなって生きています。死別の後も、亡き人の愛情に支えられ一緒に生きていくことができるのです。

寂しい時にお念仏を称えると、亡き人の愛情が満ちてきます。後悔の涙もあふれます。まことの優しさは、悲しさから知ることができます。自分の寂しさに思いを深める時、亡き人があなたに注いだ優しさや愛情により深く気づきます。先立った人の真心を忘れないのは、あなたにしかできないことでしょう。

銀河系の星のように

愛する人を亡くした時、その亡き人の姿形は見えなくなり、声も聞けなくなります。悩んでいる時に、亡き人がもう一度微笑んで声をかけてくれたらどんなにうれしいことでしょう。しかし、たとえ大切な人の姿は消えても、亡き人と対話することはいつでもできます。仏さまとなった亡き人の前で合掌する時、お念仏の中で亡き人の愛情が沁みてきます。

童謡詩人の金子《かねこ》みすゞさんの歌に、こんな歌があります。

星とたんぽぽ

青いお空の底ふかく、
海の小石のそのやうに、

夜がくるまで沈んでる、
晝のお星は眼にみえぬ。
　見えぬけれどもあるんだよ、
　見えぬものでもあるんだよ。

散つてすがれたたんぽぽの、
瓦のすきに、だァまつて、
春のくるまでかくれてる、
つよいその根は眼にみえぬ。
　見えぬけれどもあるんだよ、
　見えぬものでもあるんだよ。

（『新装版　金子みすゞ全集・Ⅱ　空のかあさま』一〇八頁、ＪＵＬＡ出版局）

大切なものは、形なきもの、目に見えないものです。手に入れて自分のものにするものではありません。まことの愛情は、どんなに離れていても、目には見えなくても、今この心に満ちています。

仏さまの愛情も、大地がわけへだてなくすべてを載せるように、私を足元から支えています。天がすべてを包むように、うなだれる私を照らし包んでいます。亡き人はいつでもあなたのことを想っています。

古い星と新しい星が銀河系のなかで同時に煌《きらめ》いているように、人は誰でも限りなき光のなかで亡き人と一緒に行くことができるでしょう。

ある学生からの手紙

最後に、紹介したい手紙があります。静岡県の学生からいただいた手紙です。自殺の受けとめ方について、その学生は私に大切なことを教えてくれました。当時二十一歳の大学三回生でした。その学生にこの手紙を本の中で紹介したいと伝えると、「私の書いた手紙でも、もしどこか誰かの力になるのでしたら、どうか使ってください」と言ってくれました。ここに、その手紙の一部を引用します。

先生の講義との出遇いで、私は本当に救われ、勇気を頂きました。実は、私の父親は自殺という形でこの世を去りました。長い間この事が自分の心の奥にひっかかっていて、傷ついて知らぬ間に卑屈になっていました。しかし、『歎異抄』の授業の中で、「どのような死であっても尊いものである」とおっしゃられたのを聞いて、心の闇が晴れたのです。

ずっと自殺という死に方が、恥ずかしくてみじめで負け犬であるかのような気がしていました。しかし、どのような形であろうと、死は死でしかないのだと気づくことができました。生も死も必ず全ての衆生に訪れるのだから、生が美しく尊いように、死は悲しく尊いように思います。その悲しみを優しく抱きとめてくれる仏さまにであえて良かったです。倶会一處、還相回向ですね。また会える、いつも心に生きている。

それから、「一人で未知の世界に行くとき、その人の存在は輝いてくる」という言葉を聞いて、私の人生は変わりました。この言葉がきっかけで、チャレンジする勇気がでました。いつも誰かの後についていくような人間でしたが、それではダメだと思いました。私自身が一人の人間として成長することが、他者への刺激となり、共に成長できるんだなあと思いました。一人で行くのは怖いけど、頑張ってみよう。私の頑張りで、どこかの誰かが頑張れますように。そんな風に思います。

「生が美しく尊いように、死は悲しく尊い」というこの学生の想いに、私自身がはっと教えられ、多くの学生が感動しました。父親の自死を一つの尊い死として受けとめられたとき、卑下することなく、父の深い愛情を感じとって、前に一歩踏み出すことができたのです。

誰にも言いようのない悩みをかかえたとき

誰にも言いようのない悩みをかかえたとき、人は何を求めるのでしょうか。

苦しんでいる人が求めているのは、自分の悩みを分析され、正しい答えをもらうことではありません。ライフリンクや東京自殺防止センターで相談員をしている安楽寺の藤澤克己さんは、「相手がうちあける言葉の意味に探りを入れたり、安易に『大丈夫です』と空手形をだしたりするのではなく、ただ寄り添うことが大切です」とおっしゃっています。苦しくて孤立しているからこそ、そばで聞いてくれる人との心の絆を求めています。

金子みすゞさんの作品に、次のような詩があります。

こだまでせうか

「遊《あす》ばう」つていふと
「遊ばう」つていふ。

「馬鹿《ばか》」つていふと
「馬鹿」つていふ。

「もう遊ばない」つていふと
「遊ばない」つていふ。

さうして、あとで

さみしくなつて、

「ごめんね」つていふと
「ごめんね」つていふ。

こだまでせうか、
いいえ、誰でも。

（『新装版　金子みすゞ全集・Ⅲ　さみしい王女』二三七〜二三八頁、ＪＵＬＡ出版局）

この詩は何を言おうとしているのでしょうか。自分の気持ちにこだましてくれる人がいるときに、わが身を素直にふりかえり、相手にも優しくなれることを、金子みすゞさんはこの詩で表現しようとしたのでしょう。うれしい時だけでなく、苦しく悲しい時に、誰かと深くこだましあう、それが生きる力になるということでしょう。

それはまた、私の称えるお念仏が、仏さまの私を心配する声となり、こだまして聞こえてくる体験でもあります。

甲斐和里子《かいわりこ》さんの詩に、こう記されています。

御仏《みほとけ》をよぶわがこゑは御仏の
　われをよびます御声《みこえ》なりけり
泣きながら御戸《みと》をひらけば御仏は
　ただうち笑みてわれをみそなはす
御仏の御厨子《づし》のうちぞ人《ひと》しらぬ
　わが悲《かな》しさの捨《す》てどころなる

（甲斐和里子著『草かご』二四四頁、百華苑）

ただお念仏を称え、仏さまを呼ぶ私の声が、仏さまの喚《よ》び声となって聞こえたのです。何も言えなくても、お仏壇の仏さまが、私の悲しみを黙って微笑んで受けとめてくれたのです。このように心に悩みをかかえている時には、誰かが深く聞いてくれること、深くこだましてくれることが最も求められることでしょう。

深く聞くとは、審判を加えずに、そばに寄り添うことです。あたかも釈尊が、罪と病に喘《あえ》ぐ阿闍世《あじゃせ》のそばにいて、静かに月愛三昧《がつあいざんまい》に入られたように、信じられる人がそばにいることは、孤立した人にとって、月の光のような優しさに感じることでしょう。深い傾聴とは、互いの言葉を聞くだけではなく、相手が伝えようとしている深い意味を汲みとり、言葉には表現しにくい深い真実を受けとめようとすることです。

しかも重要なことは、相手の心を聞くとともに、自分の心に深く聞いていくことです。『無量寿経』巻上には、

なんぢみづからまさに知《し》るべし

（『註釈版聖典』一四頁）

と説かれています。深く聞くことは、相手の心を探るのではなく、深く自分を知ることなのです。

話を聞いてもらうことは、自分が想像している以上に、大きな力になります。自分のことを受けいれてもらえることは、生きる意欲につながっていきます。

そして今日を生き、明日の朝を迎えることができればいいのです。

早朝、家の外に一歩出てみると、
桃色の日光を受けて、粗末な衣服でも、宝石が鏤《ちりば》められたように見えます。
吹き抜ける風に悩みを預けると、心がふわっと軽くなります。
私を取り囲む自然の恵みに気づくとき、

悩みや痛みを背負った私がそのままで、太陽や月の光をあびて輝くのです。

コンクリートのビルディングは、強い風でも微動だにしません。
コンクリートは頑丈ですが、一度壊れてしまうともとに戻ることはできません。
樹木は、大きな風が吹くと、その枝がS字状にしなります。
葉と葉がすれて、ざわざわと音が鳴ります。
苔むした桜や楠をじっと見ていると、
その幹と根はどっしりとしながらも、枝はつねに揺れています。
だから、人間も強い風を受ければ、樹木のように大きく揺れればいい。
風を受けてしなやかにたわめばいいのです。
無理に頑張りすぎる必要はありません。

時が経てば、ブナのような樹齢数百年の大樹でもいつかは倒れてしまいます。
それでも、その大樹のあった地上にまで、空からの光が届き、
枯れた木から新たな芽が萌えはじめます。
死んでしまった木から、またいのちが誕生し、光を求めて葉を広げるのです。
だから、人間も立ちつづけていられなくなったら、大地に休めばいい。
倒れたところにも、光が届いて新しい芽が出てきます。

強そうに頑張ってはいても、誰しも弱さや愚かさをもっています。
がむしゃらに貪り、修羅のような自己に気づいて涙することがあります。
罪の重さに押しつぶされ、謝る言葉さえ失うこともあります。
誰からも愛されず、孤独で、いっそのこと死んでしまいたいこともあります。
大切なものを喪失したとき、虚しさが広がります。

生きることが苦しいのは、何が本当に大切であるかに気づいたからでしょう。
私たちの社会は、死にたいと思うほど真摯に生きている人たちの苦しみに気づき、
自死を通して知る人間のまことの愛情に学ぶ必要があるでしょう。

人は誰しも弱い存在です。
罪を感じて、慚愧するところに、人として生きる道があります。
涙は、深い愛情に気づいた証です。
自らの重い苦しみを知るところに、大悲が満ち満ちてきます。
最も深いあわれみを「大悲」と表現します。
大いなる悲しみこそが、最も深い愛情であるということでしょう。

無明《むみょう》長夜《じょうや》の灯炬《とうこ》なり

智眼《ちげん》くらしとかなしむな
生死《しょうじ》大海《だいかい》の船筏《せんばつ》なり
罪障《ざいしょう》おもしとなげかざれ

（『正像末和讃』『註釈版聖典』六〇六頁）

まどいの眼では見えなくても、光は私を常に照らしています。
どれほど深い罪に沈んでいても、大悲の船が私を乗せてくれます。
あらゆるものが大地に排除されることなく支えられているように、
罪や悲しみをいだいたままで仏さまに願われています。

どうか自分をいたわってください。
あなたは、誰と比べる必要もないかけがえのない明かりです。
あなたの苦しみを誰かに打ち明けて、一緒に解決する道を探すことができれば、きっと明日が見えてくるでしょう。

たとえ世間すべてから見捨てられても仏さまはあなたのそばにいます。
まことの愛情は、どんなに離れていても、目には見えなくても、
今この心に満ちています。
輝く大切なものは、あなたの中にきっと生きています。

Ⅳ　金子みすゞの悲しみと願い

童謡詩人 金子みすゞの生涯 三通の遺書

金子みすゞは、一九〇三年、山口県大津郡仙崎村に生まれました。みすゞが二歳の時に父が亡くなり、みすゞが三歳の時、まだ一歳の弟・正祐《まさすけ》は、下関にある上山文英堂の店主、上山松蔵とフジの養子となりました。悲しみの中で、信心深い祖母・ウメと働き者の母・ミチが見守る中で、みすゞは明るく育っていきました。また下関の上山文英堂の後押しで、仙崎で金子文英堂が開業されました。一九二三年、みすゞは下関随一の書店上山文英堂の支店で働き始めました。仕事のかたわら、ペンネーム「みすゞ」で童謡を書き、雑誌に投稿しました。それらの詩はみすゞが二十歳の時、雑誌『童話』等の誌上で西條八十に認められ、彼女は若き童謡詩人たちの憧れの女性となっていきました。二十三歳で結婚し、一人娘ふさえに恵まれました。

しかし、みすゞは夫から詩作を禁じられ、夫から感染した病気も重くなりました。みすゞは二十六歳の時、五百十二編の詩を三冊の童謡集に清書し、娘・ふさえの話す言葉を採集した『南京玉』をつづりました。一九三〇年二月、二人は離婚しました。三月九日、みすゞは三好写真館に写真を撮りにいきました。みすゞは娘のふさえと桜餅をたくさん食べ、夕食後、ふさえをお風呂に入れ、たくさんの童謡を歌いました。「かわいい顔をして寝ちょるねえ」。それが、母・ミチが覚えているみすゞの最後の言葉となりました。みすゞは娘のふさえを引き離そうとする元夫に抗い、三通の遺書を書き、写真の預け証を枕元に揃えて、薬を飲みました。一九三〇年三月十日、みすゞは上山文英堂の二階で自死し、二十六歳の短い生涯を閉じました。

みすゞの書き残した三通の遺書は、別れた夫、ミチと松蔵、正祐宛に宛てたものでした。矢崎節夫著『童謡詩人 金子みすゞの生涯』によると、別れた夫に宛てた遺書には、「あなたがふうちゃんをどうしても連れていきたいというのなら、それは仕方ありません。でも、あなたがふうちゃんに与えられるものはお金であって、心の糧ではありません。私はふうちゃんを心の豊な子に育てたいのです」とあり、みすゞはミチに娘のふさえをどうしても育ててほしかったのです。ミチと松蔵に宛てた遺書には、先立つ不孝を詫びて、「主人と私とは気性があいませんでした。それで、私は主人を満足させるようなことはできませんでした」「くれぐれもふうちゃんのことをよろしく頼みます」「今夜の月のように私の心も静かです」と記しています。みすゞの「月のように私の心も静かです」という文章には、みすゞの静かで強い決心が表れ、みすゞがミチに娘のふさえの養育をゆだねられる安心も感じられます。弟の正祐には、三冊の詩集を託し、「さらば、我等の選手、勇ましく往け」とエールを書き送りました。みすゞが苦悩の中で遺書を書き、命をかけて守った娘のふさえは、みすゞの母・ミチの養女となり、心豊かに育てられました。金子みすゞの愛情は、やがて娘のふさえに伝わり、孫たちにも受け継がれています。

みすゞの娘ふさえの悲しみと感謝―母との絆『南京玉』

金子みすゞの死後、娘のふさえは、祖母のミチにあたたかく育てられました。それでも、ふさえはみすゞがいなくて寂しい気持ちでした。母の亡き後、娘のふさえはどのようにして母親の愛情を感じ取っていったのでしょうか。みすゞの娘・ふさえ様に実際にお会いして、お母様への想いを教えていただきました。ふさえは母を亡くして七十年余りを経て、母のみすゞが三歳のふさえの言葉を書き留めた『南京玉』を二〇〇三年に出版しました。その著に、ふさえは「母との絆『南京玉』」と題して、次のように書かれています。

多くの方々のおかげで、お母さんの詩は驚くべき早さで広まり、『南京玉』も大変意味ある手帳となりました。今とても大切と言われている母から子への読みきかせをしていたことが、言葉のふしぶしに感じられて、お母さんが私に愛情を持って接してくれたことがわかり、私にとって、大切な心の宝物となりました。（中略）『南京玉』は私の人生観を大きく変えて、お母さんの娘として生まれて良かったと、思えるようになりました。私の命を大切に思って、道連れにしないでこの世に残してくれたことで、娘が生まれ、孫二人に命がつながりました。心も体も弱かった私が、逞しく生きぬいて、多くのみすゞ大好きな素晴らしい方々と、お母さんの代わりにお会いできる倖せに恵まれています。これからも人と人との有難い出会い、不思議なえにしを、大切に生きてゆきたいと思っています。（中略）やがて私もお仲間入り、今度であった時には、親がいなくても良く頑張ったねと誉めてくださいますか。

（上村ふさえ「母との絆『南京玉』」、金子みすゞ『南京玉　娘ふさえ・三歳の言葉の記録』一六四～一六七頁、ＪＵＬＡ出版局）

ふさえは自分の三歳時の言葉を記してくれた母の『南京玉』を見つめ直しました。そして、ふさえは『南京玉』の中に「ブウチャンモ象ガ欲シイネ、オカアチャント、ブウチャント、象ニノッテユクネ、アシタ。」と自分の言葉が記録してあるのを再発見して、母親の深い愛情を感じ取ることができたそうです。『南京玉』を書き綴ったみすゞの気持ちは、娘への限りない愛情そのものでした。ふさえの心に、母のつづった『南京玉』を通して、みすゞの愛情がよみがえり、母の愛が今も大切な娘の心に生きています。

「私と小鳥と鈴と」にこめられたみすゞの願い

互いにぶつかって葛藤し、自信をなくしても、共に生きる道を開くことを教える金子みすゞの詩があります。

私と小鳥と鈴と

私が兩手をひろげても、
お空はちつとも飛べないが、
飛べる小鳥は私のやうに、
地面《ぢべた》を速《はや》くは走れない。

私がからだをゆすつても、

きれいな音は出ないけど、
あの鳴る鈴は私のやうに
たくさんな唄は知らないよ。

鈴と、小鳥と、それから私、
みんなちがつて、みんないい。

（『新装版　金子みすゞ全集・Ⅲ　さみしい王女』一四五頁、ＪＵＬＡ出版局）

「私と小鳥と鈴と」という詩は、この世に存在するすべてのものに、それぞれ意味があることを気づかせてくれます。誰しも自分の良い面だけでなく劣等感をもっています。「みんなちがって、みんないい。」という言葉は、相手の長所と限界を知る時に、自己の長所と限界も受けとめられることを教えてくれます。

ところで、詩題は「私と小鳥と鈴」ではなくて、「私と小鳥と鈴と」です。それはなぜでしょうか。最後の「と」は、私と小鳥と鈴の三者の関係で終わっているのではないことを示しているでしょう。「と」の後には、あなたも入っています。「と」には、この世界のすべてのものがつながる広がりがあります。

金子みすゞ記念館の矢崎節夫館長は、「私と小鳥と鈴と」の主題は、その童謡の終わりでは順番がひっくり返って、「鈴と、小鳥と、それから私、」と表現され、〝私とあなた〟という見方から〝あなたと私〟という見方に転じられていると教えてくださいました。〝あなたと私〟というまなざしに転じられた時、誰をも傷つけずにそのまま受けいれる優しさが生まれてきます。また、矢崎節夫館長は、龍谷大学での講演で、平等に愛することの意味をこう考えさせてくれました。

「みんなちがって、みんないい。」は、〝まるごと認めて傷つけない〟ことです。違う言い方をすると、すべての人が平等に幸福になるために〝不平等に愛する〟ことです。（中略）いま誰が辛い思いをしているか、誰が悲しい思いをしているか、誰が忘れられてしまっているかという方にまなざしを向けないと、みんなが平等になることはないのです。平等に愛するということは、果てしなく〝あなた〟の方に向かい合わないとできないのに「同じ量をあげたら平等だ」と思ってしまう。これは違います。一人ひとりにどう向き合うかなのです。（中略）ふとした瞬間に、〝ああ、そうか、「悪人正機」というのは、そういうことも入っているのか〟と思ってくださるとうれしいです。（矢崎節夫「あなたはあなたでいいの　うれしい金子みすゞさんのまなざし」鍋島直樹・玉木興慈・井上善幸編『地球と人間のつながり―仏教の共生観』所収、八一～八二頁、法藏館）

縁起の生命観

仏教における縁起の教えは、人間の自己中心的な見方をふりかえり、より広い視座を与えてくれます。より広い視座とは、あらゆる存在が相互に依存し支えあっていることです。あらゆるいのちは異なっていて、相互に依存し関係しあい一つである。単独で、他と関係なく存在しているというものはないというのが、縁起の真理です。

しかも縁起の教えは、人間が己の偏見によって、他を排除し、傷つけあっているという現実も教えています。だからこそ縁起の視座は、暴力や言葉で傷つけあう悲しみを知り、差別のない平和な世界を願って共に生きていくことを教えています。

縁起の生命観を、譬えていえば、各楽器の演奏者が合奏して壮大な交響曲を奏でるようなものです。交響曲で第一に大切なことは、各演奏者が、バイオリン、ビオラ、コントラバス、トランペット、フルート、サクソフォン、オーボエ、ファゴット、クラリネット、ティンパニやシンバルなどを演奏して、その楽器にしかない美しい音色を奏でることです。ピアノ協奏曲や合唱の加わるレクイエムなどもあります。第一の点においては、一人ひとりの独自性、唯一性が重要です。第二に大切なことは、その一つの楽器の音色は、交響曲全体の一要素であり、他の楽器の音色と溶けあうことによって、一つの曲をうみだすことです。もし一人の演奏家がとても大きな音で演奏し、他の演奏家の音をかき消してしまったら、全体の調和のあるハーモニーは失われます。第三に、各演奏家が自分の音色を生かしながら、懸命に演奏することが、一人では生み出せないような感動的な共鳴をうみだします。ハーモニーの中で一人ひとりの演奏が生き生きとし、演奏者全員でうみだしたハーモニーも生き生きとしてきます。しかも、静かにその演奏を聞いている聴衆もその場を支えています。演奏者も聴衆も一つになってハーモニーが成立します。

浄土の清らかな風と音

現実の世界には、不協和音も生まれます。不協和音は、音と音とが対立して不安定感や緊張感をもたらします。ハーモニーにおいて不協和音も、重要な音の構成です。

親鸞聖人は次のように極楽浄土について歌っています。

七宝樹林《しっぽうじゅりん》くににみつ　光耀《こうよう》たがひにかがやけり
華《け》・菓《か》・枝《し》・葉《よう》またおなじ　本願功徳聚《ほんがんくどくじゅ》を帰命《きみょう》せよ

清風宝樹《しょうふうほうじゅ》をふくときは　いつつの音声《おんじょう》いだしつつ
宮《きゅう》　商《しょう》和《わ》して自然《じねん》なり　清《しょう》　浄《じょう》勲《くん》を礼《らい》すべし

(『浄土和讃』『註釈版聖典』五六三頁)

これらの『浄土和讃』を意訳すると、「極楽の七宝で輝く樹林は、花も実も枝葉も相互に照らしあって光り輝いている。本願功徳の聚の阿弥陀如来を帰命しよう。清らかな風が極楽の宝の樹木を吹きぬけると、宮・商・角・徴・羽の聲明（古典的仏教音楽）の五音階が生まれ響きあう。宮と商の音が和して自然である。音が清らかに香る阿弥陀仏を礼拝しよう」という意です。宮と商の関係は、例えばハ長調でいえばドとレや、レとミ等の関係になります。「宮商和して自然なり」とは、ドとレとが不協和音でありつつ、ドとレの音がそのままで調和しているという意です。

では、この「宮商和して」とはどういう意味でしょうか。このご和讃の真意について、大谷光真前門様はこう説かれています。

この和讃でいわれる「宮と商」とは、じつは私たちのことではないかと思うのです。

私たちは自分が正しいと思って生きています。正しいと思うもの同士の世界は、争いが絶えません。宮が悪いわけでも、商が悪いのでもない。けれど宮と商が合わさると、相和することができません。そんな私たちの姿を悲しく思い、宮と商とが自然に相和す世界を開かねばならない、と誓われた阿弥陀如来のみ心が、この和讃の詩的表現に触れながら、感じ取れるのではないでしょうか。

この世でぎくしゃくとした関係にあっても、仏と成り浄土へ往けば、宮と商でも相和することができる。いがみ合っていたもの同士が、おがみ合うもの同士になれるのです。

（大谷光真著『いまを生かされて』七四〜七五頁、文藝春秋、二〇一四年）

ここに明らかに示されているように、相和することのできないもの同士が相和す世界を開きたいと願われたのが阿弥陀如来のみ心です。二つがぶつかりあう音であっても響き合う、それが浄土の清風を受けて共鳴する音です。自己と相手とが異なっていても、それぞれ大切にされて、そのままで平和にいられる世界、それが浄土です。だからこそ、極楽の清らかな風と音に包まれて、この世界においても差別のない平和な世界を築けるように努力することを、この極楽の姿が教えてくれます。こうした縁起的な生命観や極楽浄土の荘厳が、金子みすゞの「私と小鳥と鈴と」「浜の石」などの作品によく表れています。

みすゞの悲しみと願い

さらに、金子みすゞ記念館での研究を通じて、ある事実を知りました。「私と小鳥と鈴と」が書かれたのは、みすゞが結婚した後であり、詩の投稿や、西條八十や投稿仲間との文通を夫から禁じられ、ひそかに三冊のノートに五一二編の詩を書き残していた時期と重なります。


だが、みすゞの悲しみは深かった。

みすゞの童謡はある意味ではみすゞの日記だった。

結婚してから《みんなを好きに》を書き、そして《私と小鳥と鈴と》を書いている。〈みんなを好きになりたい〉と歌い、〈みんなちがって、みんないい〉と歌い、夫啓喜に心を向けようとしているみすゞにとって、童謡を書くことで自分を見つめ、反省し、自らを励ましてきたみすゞにとって、啓喜の一言は、みすゞの存在そのものをも否定するようなものだった。

（矢崎節夫著『童謡詩人　金子みすゞの生涯』二九七頁、ＪＵＬＡ出版局）

みすゞは頼りにしていた夫から童謡を書くことを禁じられ、自分が認められずにつらい心境でした。「私のようにたくさんな唄は知らないよ」「みんなちがって、みんないい。」は、みすゞの心の叫びだったことでしょう。夫と自分とが違っていても、互いに認めあって生きたいという切なる願いでもあったことを忘れてはならないでしょう。

「明るい方へ」「お佛壇」―照らされて闇から光へと進もう

明るい方へ

明るい方へ／明るい方へ。／一つの葉でも／陽《ひ》の洩《も》るとこへ。／藪かげの草は。／
明るい方へ／明るい方へ。／翅は焦《こ》げよと／灯《ひ》のあるとこへ。／夜飛ぶ蟲は。／
明るい方へ／明るい方へ。／一分もひろく／日の射《さ》すとこへ。／都會《まち》に住む子等は。

（『新装版　金子みすゞ全集・Ⅱ　空のかあさま』五～六頁、ＪＵＬＡ出版局）

葉っぱが光に向かって広がるように、夜に虫が光を求めて飛んでいくように、明るい方に向かっていきましょう。そう金子みすゞは、自らの悲しい日々の中で願いつづけました。みすゞをそういう気持ちにさせたのは、みすゞの詩を認め、勇気づけた西條八十、弟の正祐、母ミチ、祖母ウメ、友達の豊々代《ほほよ》らがいたからです。そして、みすゞを勇気づけたのは、幼い頃から手を合わせた「お佛壇」の「佛さま」でした。みすゞはこう歌っています。

お佛壇《ぶつだん》

お佛壇にはいつだつて、／きれいな花が咲いてるの。／それでうち中あかるいの。
(中略)朝と晩とにおばあさま、／いつもお燈明《あかり》あげるのよ。／なかはすつかり黄金《きん》だから、／御殿のやうに、かがやくの。〃朝と晩とに忘れずに、／私もお禮をあげるのよ。／そしてそのとき思ふのよ、／いちんち忘れてゐたことを。〃忘れてゐても、佛さま、／いつもみてゐてくださるの。／だから、私はさういふの、／「ありがと、ありがと、佛さま。」

（『新装版　金子みすゞ全集・Ⅱ　空のかあさま』二三三〜二三四頁、ＪＵＬＡ出版局、一部抜粋）

「お佛壇」の「佛さま」がいつも私を明るく照らし護ってくれています。みすゞの心を照らす「佛さま」の明るい光は、この世界の闇だけでなく、死別の悲しみも包み込んで、極楽から照らし護ってくれています。

金子みすゞの悲しみと願いは、「みんなちがって、みんないい。」という声になって、私たち一人ひとりに届いてきます。

あとがき

この本を手にとり、読んでくださって心から感謝いたします。

この著『自死を見つめて』を出版しようと思ったのは、本文中に紹介したある学生からの手紙がきっかけでした。その学生は、私の教えている龍谷大学の「歎異抄の思想」という講義を受けていました。「歎異抄の思想」には、文学部、経済学部、経営学部、法学部のさまざまな学生が毎年約四百名程度受講してくれます。この講義は、私から学生へのレクチャーだけでなく、学生から私への感想や質問を講義の中で紹介し、学生と共に毎回の授業を作っています。手紙をくれた彼女も、「歎異抄の思想」という授業を友達と一緒にいつも聞いて、講義レジュメを配布するのを手伝ってくれていました。ある日、彼女からもらった手紙を読んで深く感じるところがあり、私の講義時間にその手紙を学生たちに紹介することにしました。

父親の自殺を彼女が受けとめ直し、「生が美しく尊いものであるように、死もまた悲しく尊いものである」と書いた手紙を、学生たちに読んで聞かせました。学生たちは言うに言えない彼女のつらい経験と父親への愛情を知って、静かに感動していました。その日の出席カードの裏側には、たくさんの感想が書かれていました。そのいくつかをご紹介しましょう。

「今日、紹介された手紙が心に残りました。私は大切な人の死を見てきました。本当に悲しくて涙が止まらないかもしれないと思うほどでしたが、今は思い出でいっぱいです。心の中で生きている。死に意味はあるんですよね」　(経済学部　小西めぐみ)

「手紙を読んでいる最中、涙を流しました。人生において思いもかけないつらいことに遭遇することがあります。しかし悲しいことでも、何かしら自分の成長になり、何も遇っていない人生よりも深い意味を与えてくれると思っています。だから勇気を出して前に向かうのを応援しています。その学生さんにそうお伝えしたいです」

（法学部　賀潔）

「私は十六歳の時に父を亡くしました。それはとても悲しい事でしたが、私にとって決してマイナスな事ではありませんでした。父の死をきっかけに他者を思いやるようになり、『虫や花も生きているのだから殺したらいけない』というような父の考え方、生き方を尊敬するようにもなりました。私も父のように生きたい、父に誇れるような生き方でいたいと考えました。しかし現実は、独りよがりな考え方になったり、ささいな悩みをすぐ抱えていたりします。今回の授業で私も一人の人間として強く生きられるようになりたいと思いました。学生さんの手紙に感動しました。すぐには難しいかもしれな

いですが、一生懸命、父の分まで生きていきたいと思います」 （匿名）

このように、いかなる死も悲しくてかけがえのないものです。一人の死にはあふれるほどの愛情と意味がこもっています。

死を通してはじめて気づく深い愛情を、今生きている私自身が忘れないでしっかり受けとっていくことが、亡くなった人の気持ちを最も尊重することになると思います。

本書の出版にあたり、ご支援をいただいた本願寺出版社の編集部の方々に、厚く御礼申し上げます。また、自死問題に早くから向き合っている安楽寺住職の藤澤克己さんにも、本文の一部を読んでいただき、自殺念慮者の気持ちに寄り添う貴重な視点を与えていただきました。ありがとうございます。

本書は、死について悩める方がたへのメッセージです。攻撃し合い、孤立しやすい社会です。みんな本当はひとりぼっちです。だからこそ、苦しむ人のそばに寄り添う大切さ、自分の強さも弱さもすべて認め合うつながり、そして自分を支える数多くの存在の優しさを感じ取っていただければうれしいです。
皆さま一人ひとりのかけがえのない物語が、きっと世界の明かりとなり、つらい現実の中から清らかな花が咲きますように。

鍋島　直樹

二〇〇九（平成二十一）年　夏

新書版あとがき

新型コロナウイルス感染症の脅威の中で

私は、大谷光淳ご門主様のお言葉『浄土真宗のみ教え』を唱和させていただくと勇気づけられます。本願寺や全国各地のご寺院の掲示板の言葉に、心が慰められます。

いま私にできること
私のいのちを大切にすること
他の人のいのちを大切にすること
What can I do now?
To cherish my life

Respecting the life of all people on earth

本当にこの言葉の通りだなあと感じて、実践目標にしています。
私の父はお寺の掲示板に、自ら筆で書いた言葉を掲げていました。

亡き人は　合わす掌の中に　帰ってくる
南無阿弥陀仏に　サヨナラはない

帰命無量寿如来
仏さまと向き合って　罪の深さに気づくとき
救われる身の　不思議さを知る

（鍋島俊樹『どちらを向いても仏のふところ』、探究社）

二〇二〇年冬、父が浄土に往生してから、父の着ていた黒衣を着てお参りしています。お参りをしていると、今になって父の愛情に気づき、自らの罪の深さに気づかされます。私も父の姿を追慕し、不十分ながらも掲示板に言葉を書くようになりました。

二〇二〇年春、新型コロナウイルス感染症拡大防止のため、大学の卒業式ができず、法要もできなくなった時、次の言葉を書いてみました。

握手できなくても　手を合わせれば　心はきっとつながるよ
南無阿弥陀仏　南無阿弥陀仏

二〇二一年夏、東京オリンピックやパラリンピックに感動しました。それでも自死も災害も戦争もつづいています。自粛生活の寂しさがつづくなかで、金子みすゞの悲しみと願いを想い起こしました。みすゞの自死の悲しみと童謡にこめた願いが光となって、私たちを照らしてくれているように感じます。人とも会うことが少なくなった日々の中で、あらためてわが身をふりかえり、掲示板の言葉を書きました。

つらくてもつらいといえず　好きな気持ちを好きといえない
ひとの心はそれほどに複雑で　それほどに寂しい
そんな私が仏さまに手をあわす
そんな私が仏さまにいだかれている
悲しいときに仏さま　涙を流し知ってくださる
つらいときには仏さま　黙ってそこで聞いてくださる
忘れていても仏さま　いつも照らし護っている
だからわが身を大切に　ひとに優しく生きていきたい

悲しみは愛しさから生まれていることでしょう。悲しみはいつしか光となり、私を支えてくれます。悲しみはそのままその人から受けた愛情となってきます。悲しみは足元に流れる川に流されないで、大事なことを教えてくれます。

南無阿弥陀仏は、「わたしにまかせて。わたしはあなたを必ず護り救います」という阿弥陀如来の力強いよび声です。誰しも自分のことで精一杯です。小さな世界で頑張っていても、自分が認められず、つらいことも多いことでしょう。私はつらい時、「南無阿弥陀仏、南無阿弥陀仏」と思わず称えてしまいます。如来の大悲にいだかれて、自らの愚かさを知ります。仏さまと共に、亡き人と共に、自分を大事にして、他の人をいたわり、つらいことは仏さまに相談しながら生きていけたらと感じています。

この本をお読みくださりありがとうございます。いつもそれぞれの場所でご尽力くださり感謝申し上げます。どうか頑張りすぎないでください。お大事になさってくださいさい。

二〇二一（令和三）年　冬

鍋島　直樹

●自死総合対策に関する情報

厚生労働省自殺対策推進室

〒100-8916　東京都千代田区霞が関1-2-3
TEL 03-5253-1111（代表）
https://www.mhlw.go.jp/stf/seisakunitsuite/bunya/hukushi_kaigo/seikatsuhogo/jisatsu/

国立精神・神経医療研究センター

〒187-8551　東京都小平市小川東町4-1-1
TEL 042-341-2711（代表）
国立研究開発法人 国立精神・神経医療研究センター
National Center of Neurology and Psychiatry
https://www.ncnp.go.jp/

NPO法人ライフリンク
自殺対策支援センター（代表　清水康之）

〒102-0071東京都千代田区富士見2-3-1信幸ビル302
TEL 0120-061-338
https://www.lifelink.or.jp/

京都自死・自殺相談センター Sotto

相談電話窓口：075-365-1616
受付時間：週末夜間のみ受付（金・土19：00〜25：00）
https://www.kyoto-jsc.jp/

京都自死・自殺相談センターSottoは、大切な人を失くした人・心に不安がある人を始め、何か悩みを抱えている人のありのままの声に耳を傾け、相談を受け付けている民間の機関です。

著者紹介

鍋島直樹（なべしま　なおき）

一九五九年、兵庫県生まれ。龍谷大学文学部教授。専門は真宗学。博士（文学）。龍谷大学人間・科学・宗教オープンリサーチセンター長。浄土真宗本願寺派真覚寺住職。京都府立医科大学医学倫理審査委員。日本医師会生命倫理懇談会委員（平成十四〜令和二年）。日本臨床宗教師会理事。死の前で不安を抱える人に届くような仏教生死観の研究に取り組む。

著書

『死別の悲しみと生きる　ビハーラの心を求めて』（本願寺出版社）、『親鸞の生命観　縁起の生命倫理学』『心の病と宗教性　深い傾聴』『死と愛　いのちへの深い理解を求めて』『仏教生命観の流れ　縁起と慈悲』（法藏館）、『アジャセ王の救い　王舎城悲劇の深層』『中村久子女史と歎異抄　人生に絶望なし』（方丈堂出版）ほか。

〔016〕

自死を見つめて
―死と大いなる慈悲―

二〇〇九年八月二十日　初　版第一刷発行
二〇二二年三月三十一日　改訂版第一刷発行

著者　**鍋島直樹**

発行　**本願寺出版社**
〒六〇〇-八五〇一
京都市下京区堀川通花屋町下ル
浄土真宗本願寺派（西本願寺）
電　話　〇七五-三七一-四一七一
ＦＡＸ　〇七五-三四一-七七五三
https://hongwanji-shuppan.com/

印刷　**株式会社** 図書印刷 **同朋舎**

BD02-SH1-②30-22
ISBN978-4-86696-030-2 C0215